आयाम

दीपक कुमार

BlueRose ONE.com
Stories Matter
NewDelhi • London

BLUEROSE PUBLISHERS
India | U.K.

Copyright © Deepak Kumar 2025

All rights reserved by author. No part of this publication may be reproduced, stored in a retrieval system or transmitted in any form or by any means, electronic, mechanical, photocopying, recording or otherwise, without the prior permission of the author. Although every precaution has been taken to verify the accuracy of the information contained herein, the publisher assumes no responsibility for any errors or omissions. No liability is assumed for damages that may result from the use of information contained within.

BlueRose Publishers takes no responsibility for any damages, losses, or liabilities that may arise from the use or misuse of the information, products, or services provided in this publication.

For permissions requests or inquiries regarding this publication, please contact:

BLUEROSE PUBLISHERS
www.BlueRoseONE.com
info@bluerosepublishers.com
+91 8882 898 898
+4407342408967

ISBN: 978-93-5819-562-0

Cover design: Shivam
Typesetting: Namrata Saini

First Edition: January 2025

समर्पित

आयाम काव्य संग्रह माँ रेखा राय और बाबूजी नन्दलाल राय के चरणों में समर्पित है | माँ आपकी ममता, शक्ति और पिताजी से मिले प्यार और आजादी के बदले

एक छोटी सी भेंट ऋणी पुत्र के द्वारा |

प्रणाम

प्रस्तावना

शब्दों की माया है कि वे हमें अपनी दुनिया में ले जाते हैं, एक साहित्यिक सफर में, जहाँ हर शब्द एक अनजान अद्भुत दुनिया की प्रारंभिक कथा हो सकता है। "आयाम" एक ऐसा प्रयास है, जिसने कविताओं के माध्यम से संवाद करने का सूना विचार नवीनतम आकार में पेश किया है। यह संग्रह आपको विभिन्न भावनाओं और विचारों के संगीत से जुड़कर, एक साहित्यिक और भावनात्मक सफर पर ले जाएगा।

कविताओं की यह संग्रहित संख्या समझाती है कि शब्दों का जादू कितना अद्वितीय हो सकता है। "शाम" कविता एक ऐसे कोने को छूती है जहाँ हम अपने अंतर्निहित भावनाओं से जूझते हैं, और फिर खुद को खोजते हुए पाते हैं। "बचपन था या बुढ़ापा" हमें मनुष्य की असीम करुणा की ओर देखने की प्रेरणा देती है, जहाँ उसकी मजबूती उसकी अस्थायिता के पीछे छिपी होती है। "शर्मिंदा" एक सच्चाई को बताती है जो हम सभी जानते हैं, परन्तु जिसे स्वीकारने में और समझने में देर कर देते हैं।

इस संग्रह में प्रस्तुत कविताओं के माध्यम से न केवल व्यक्तिगत भावनाओं का आदान-प्रदान हुआ है, बल्कि सामाजिक, मानवीय, और व्यक्तिगत मुद्दों को भी उजागर किया गया है। "पतंग और आसमां" कविता मनुष्य के अमिट सपनों और उनके साकारीकरण के महत्व को प्रकट करती है। "आज मैं सबल हूँ" हमें उस आत्मविश्वास की महत्वपूर्णता सिखाती है जो हमें आगे बढ़ने की दिशा में प्रेरित करता है।

इस संग्रह की साहित्यिक रचनाएँ हमें प्रेम के विविध रूपों की ओर ले जाती हैं। "कुछ कुछ बहुत कुछ" कविता वह अहसास है जो बिना शब्दों के हमारे मन में उत्पन्न होता है, और हमें उस आनंद के राज का पता चलता है जो केवल आँखों की भाषा में व्यक्त हो सकता है।

"आयाम" के माध्यम से, हमें विभिन्न अनुभवों और विचारों का संवादित रूप से प्रस्तुत किया गया है, जो हमारे जीवन के विभिन्न पहलुओं को समझने में मदद करेगा। इस संग्रह की प्रत्येक कविता एक नया आयाम खोलती है और हमें सोचने पर मजबूर करती है।

"आयाम" के सभी पाठकों से मेरी विनती है कि वे इस संग्रह को मनोयोग में ले कर उस खास सफर पर बढ़ें, जो कविताओं की दुनिया में छिपा है। यह संग्रह हमें हमारे आस-पास की बातों को सुनने और समझने की कला सिखाता है, और हमें उन अद्भुत चिंतनों के प्रति प्रेरित करता है जो हमारे मन में बसे हैं।

प्रेम, भावनाओं, और विचारों की इस यात्रा में आपको खुद का एक नया पहलु देखने का मौका मिलेगा, और आपकी सोच को नए आयामों तक ले जाने का संकेत मिलेगा। चलिए, इस संग्रह के साथ यात्रा पर निकलें और खुद को उन सुंदर दुनियाओं में डूबने का आनंद लें, जिन्हें शब्दों की माया ने रच दिया है।

धन्यवाद!

मानसी चौहान

आभार

मैं सब से पहले आयाम के हर उन किरदारों को आभार व्यक्त करना चाहता हूँ, जिनसे आप भी रूबरू होंगे, मेरी कविताओं के माध्यम से। ये वो किरदार और परिस्थितियां हैं जो मेरे जीवन में आए और मुझ पर इतना प्रभाव छोड़ा कि मैं भावनाओं को हृदय में समेट ना सका और कागज के पन्नों पर प्रवाहित कर दिया।

धन्यवाद मित्रों का जिन्होंने मुझे पढ़ने या सुनने के बाद हमेशा अपना हास्य, व्यंग्य और सुझाव के अभूतपूर्व समायोजन से अच्छा करते रहने के लिए प्रोत्साहित किया। धन्यवाद मेरे बड़े भाईजी प्रवीण और मेरे छोटे भाई नीतीश के साथ का जिन के संसर्ग ने मेरे व्यक्तित्व को सबलता, चंचलता और परिपक्वता का मिश्रित रूप दिया। उपकार मेरे सभी गुरु जनों का जिन्हें मैं धन्यवाद नहीं कह सकता सिर्फ प्रणाम हैं उनके चरणों में। आभार मेरे अभिभावक सह मित्र बिंदालाल राय जी को जिन्होंने मानवीय संवेदनाओं और मूल्यों को समझने में मेरा साथ दिया।

एक और शख्स हैं, जिन्हें सिर्फ प्यार, प्यार और प्यार। वो हैं, अनामिका मेरी जीवनसंगिनी धन्यवाद मेरे जीवन में आने के लिए, मेरे दृष्टिकोण को एक नया आयाम देने के लिए और मुझे पूर्ण करने के लिए।

माँ, बाबूजी को नमन। आप लोगों का आशीर्वाद और मार्गदर्शन ही सब कुछ है। धन्यवाद ईश्वर।

ॐ नमःशिवाय।

विषय-सूची

1. शाम 1
2. बचपन था या बुढ़ापा 6
3. आज मैं सबल हूँ 10
4. पतंग और आसमां 12
5. अपनों के बीच या सपनों के बीच 15
6. शर्मिंदा 19
7. वो आती है। 28
8. देखा है 41
9. कुछ कुछ बहुत कुछ 48
10. इक बात 54

1. शाम

ये जो शाम है ।
बड़ी अजीब है।
उखड़ी–उखड़ी सी बिखरी बिखरी सी ।
कोई रुकता नहीं, इसके पास में,
हर कोई भागता अपनों की तलाश में।.
कोई छूट कहीं से आता है,
कोई टूट कहीं को जाता है,
पता नहीं, कौन किसके करीब है?

ये जो शाम है।
बड़ी अजीब है।
उखरी उखरी सी, बिखरी बिखरी सी।

मैंने पूछा भी था ! एक दिन उससे ।
जब बालकनी में खड़ा, उसे निहार रहा था ।
बिखरे पड़े उसके लटों को,
मासूमियत से संवार रहा था ।

ए शाम !
" तू उदास क्यूँ है ?
तेरे चेहरे पे तो मुसकुराहट अच्छी लगती है ।"
उसने कहा यूँ पलकें झुका कर:-

" हर किसी को सजावट अच्छी लगती है।"
मेरी सादी जिन्दगी यहाँ निर्जीव है। "

ये जो शाम है।
बड़ी अजीब है।
उखड़ी-उखड़ी सी, बिखरी बिखरी सी ।

तुम्हें पता हैं ? उसने आगे कहा:-
"मेरे पास, ना तो चाँद कि शीतलता है।
न सुरज कि गरमाहट है।
न रातों कि शरमाहट,
न सुबह कि सुगबुगाहट है।
मुझमें बसता बस एक शोर है।
ना कोई ओर है ना कोई छोर है।
मैं पलती, मैं चलती ।
जैसे कोई मरीज है। "

ये जो शाम है।
बड़ी अजीब है।
उखड़ी-उखड़ी सी, बिखरी बिखरी सी ।

सहसा रुकी वो।
पलकें उठाकर, मेरी नजरों में देखी।
वो कुछ ढूंड रही थी ?
पाकर जिसको, आँखें उसकी भर आई ।

सधी हुई आवाज़ ना जाने क्यों भर्राई ।
एक बलखाती कुछ शर्माती,
मदमस्त हवा जो गुजरी थी ।
एक हुक उठी और कह दी मैने,
बात जो दिल में गहरी थी ।

"पौंछ जरा इन बूंदों को तुम,
बिन बद्री बारिश हो जाएगी ।
शाम तेरी ये दर्द है ऐसी,
दुनिया डूब डूब सी जाएगी ।

सुनकर बातें होंठों पर,
तैरी उसकी जो मुसकाहट।
चेहरे पे लाली छाई है,
किरणों में खुशियों कि आहट।
कितनी चंचल, कितनी निर्मल,
और कितनी तू सजीव है।

ए शाम !
तू भी अजीब है।
उखड़ी उखड़ी सी बिखरी बिखरी सी ।

देख जरा इन बाग़ो में तू,
घर आंगन खेल मैदानों में तू,
बच्चे कैसे चिल्लाते हैं?
दौड़ दौड़ के आते हैं।
दिन रातों में पहरा ठहरा,

तेरी आँचल का ममता गहरा।

हर रोज़ उन्हें बुलाता है,
यादों में तेरे सुलाता है।
कितनी कोमल, कितनी मलमल,
ये बचपन तेरे करीब है।

ए शाम !
तू भी अजीब है?
उखड़ी-उखड़ी सी बिखरी बिखरी सी।

शाम समंदर कि लहरों में,
रंग रूमानी तेरी है।
पत्थर पे खिलते फूलों में,
अगन जवानी तेरी है।

प्रथम प्रेम का प्रथम स्पर्श,
जो आगोश में तेरे होता है।
वो पवित्र है उन फेरों सा,
जो मन्त्रों संग होता है।

तू जननी है उन यादों की,
काल ना जिसको मिटा सका।
तू जननी उन अहसासों की,
शब्द ना जिनको जता सका।

कितनी सुन्दर कितनी अद्भुत
पाई तूने तकदीर है।
इस नश्वर सी दुनिया में
ना तुझ सा कोई अमीर है।

        ए शाम !
        तू भी अजीब है।
        एक तू ही तो है, जो मेरे करीब है।
        उखड़ी – उखड़ी सी बिखरी बिखरी सी।

2. बचपन था या बुढ़ापा

बचपन था या बुढ़ापा ।
पता लगा नहीं पाया,
बस उलझा रह गया ।
न कोई निष्कर्ष, न उत्कर्ष,

ऐसा नहीं कि वो केवल मुझे दिखा,
वो सबको दिख रहा था।
उसके घिसटते पैरों कि लकीरें
सबको दिखी रही थी।
लकीरें ! जो टूटने लगी थी,
टायरों के रोंदने से।
नजरों से भी तो टूटती हैं।
लकीरें ! जाने अनजाने ।

बचपन था या बुढ़ापा।
पता लगा नहीं पाया,
दो मिनटों के लिए ऑटो रुकी थी मेरी।
वर्ना वक़्त कहाँ रुकने को है ।
अभी ठीक से भव्यता का
आंकलन भी न कर पाया था ।
न देख पाया था, भविष्य का वो दिव्या स्वप्न ।
कि "बाबा एक रुपया दे दो ।

बाबा एक रुपया दे दो । "
जैसे लावा डाल दिया कानो में,
और टूट गई सारी तन्द्रा।
न जाने क्यूँ एक चिढ़ सी आई,
और आई एक घिन सी भी ।
शायद उसने स्वप्न के आसमां से,
यथार्थ कि जमीं दिखलाई ।

        पर घिन क्यूँ आई ?
        क्या यह कपड़े का मैल था ?
        या मैल था ऊँची सोच का ।
        फेर लिया मैंने मुंह
        न देखा उसका चेहरा भी ।

वो बचपन था या बुढ़ापा ।
जो नजर फेरने के वक़्त दिखा ।
एक कोमल छवि जो होनी थी,
सूखी सूखी सी है छाल सी ।
फटी फटी सी,
जैसे कि खून बहार आ जाएगी ।
उसे नहलाएगी, उसे सहलाएगी ।
खू !
जो था भी कि नहीं ?
पर जान तो थी !
जान थी भी कि नही ।
पता लगा नहीं पाया ।
ना कोई निष्कर्ष, ना कोई उत्कर्ष ।

वो पांव जो घिसट रहे थे खुद को ।
मुलायम से हो गए थे, कठोर हो कर भी ।
और मुलायम थी सारे बदन कि खाल,
जैसे झुल्श गई हो आग से ।
आग !
भूख की या धूप की ।

पता लगा नहीं पाया मैं ।
क्यूंकि । दो मिनट के लिए ही ऑटो रुकी थी मेरी
न कोई निष्कर्ष न उत्कर्ष।

उसके रूखे- रूखे होठों पर ।
सफ़ेद परत से जम गए थे किनारों पर ।
जैसे जम जाती है बर्फ, तापमान गिरने से।
या जम जाती है झाग, जहर खाने से।
पर ! बदन नीला ना था ।
हाँ काला जरूर था ।
काला देखकर !
न जाने क्यूँ एक चिढ़ सी आई ।
क्या यह जिस्म का मैल था ?
या मैल था मेरी ऊंची सोच का ?
पता लगा नहीं पाया।
बस उलझा ही रह गया।
ना कोई उत्कर्ष ना कोई निष्कर्ष।

बस इतना ही दिखा वो।
बत्ती जो हरी हो गई।
और आगे बढ़ गया मैं,
और बढ़ गई सारी भावनाएं भी ।

           भावनाएं !
           वक़्त कहाँ है? ये सोचने को,
           कि नजरों ने दिल को क्यूँ छुआ?
           जो गलत था वो आखिर सही कैसे हुआ ?
           सब अह्सासें, मृत हो रही,
           और मृत हो रही सजीवता यहाँ,
           एक निर्जीवता के जन्म से ।

एक बोझ जो आता है, सीने पे।
चुपचाप हटा देते हैं।
सारी खिड़कियाँ,सारे दरवाज़े
सब सटा देते हैं ।
जिम्मेदारिओं के नाम पे।
ना कोई फ़र्ज़, ना कोई हर्ष ।
ना कोई निष्कर्ष, ना कोई उत्कर्ष ।

           बचपन था या बुढ़ापा ।
           पता लगा नहीं पाया ।
           बस उलझा ही रह गया,

3. आज मैं सबल हूँ

जैसे ही पांव मैंने बढ़ाए,
बेड़ियाँ पड़ गई कदमों में।
अजीब ठंढक सी थी उन लोहों में,
जो मेरे नसों से होती हुई,
मेरे लहू में घुलती जा रही थी।
 शायद मुझे अहसास करा रही थी ।
कि मैं कमजोर हूँ,
लाचार हूँ,
सबकुछ समझता हूँ, जिम्मेदारियां हैं ।

                तभी कंपकंपी छूट गई मेरी,
                और मैं गिर पड़ा।
                घुटनों को पेट में सटाकर,
                हाथों से उनको दबाकर ।
                "शायद कुछ गर्मी मिल जाए"
                ये सोच रहा था, और खोज रहा था ।

मेरे अंदर की आग,
जो कभी जलती थी ।
राख के ढेरों में दबी मेरी
 आग, शायद मिल जाए ।
और मिल जाए थोड़ी सी हवा,

जो भरका सके चिंगारियों को।
मेरी बची इन हड्डियों में,
और गला सके जंजीरों को,
इन घनेरी सर्दियो में ।

            और कुछ भी तो नहीं,
            बस एक सोच थी मेरी ।
            जिसने मुझे जगाये रखा हर उम्र में,
            और गरम करता रहा हर कब्र में।
            ताकि मैं ठंडा न पर जाऊ,
            लाचार न हो जाऊं ।

आज मैं सबल हूँ ।
और निर्बल पड़ गई मेरी बेड़ियाँ है ।

जैसे ही पांव मैंने बढ़ाये,
इस जहां में फिर दोबारा ।
पंखुरियां बिछ गई हैं मेरी राहों में,
बड़ी मखमली और, मासूमियत सी अहसास है ।
जो मुझे बता रही है,
मुसका रही है,
कि आज मैं सबल हूँ ।
और निर्बल पड़ गई मेरी बेड़ियाँ हैं।

4. पतंग और आसमां

कुछ ख्वाहिशों और कुछ सपनो को,
छोड़े थे मैंने । उड़ने को,
उस आसमां को, चूमने को ।
जिसे मैं प्यार करता था, छूना चाहता था ।
उन काले घने बादलों में, सोना चाहता था।
एक नींद...........

          तभी मस्त हवा का एक झोंका आया,
          जैसे अभी अभी उसने,
          उसके भीगे हुए जुल्फों को चूमा हो ।
          और भर ली हो,
          उसकी सारी खुमारी ।
          पाकर जिसे, मदमस्त हो उठा मैं ।
          और ढील दे दी,
          अपने ख्वाहिशों कि उड़ान को ..।

जैसे जैसे मैं ऊपर जाता,
तेज होती जा रही थी हवाएँ।
ऐसा लग रहा था।
मनो वो मुझे बुला रही हो।
बेकरार हो रही हो,
मुझसे मिलने को।

और मिटाने उस तन्हाई को,
जो न जाने कब से.................................
उसे खाए जा रही थी ।
वो आ रही थी,
मेरे पास ।
मुझे गले लगाने को ।

मेरी ख्वाहिशों की ये पतंगे
कब तक उड़ पाती ?
और कहाँ तक जा पाती ?
सोचा ! चढ़ लूँ गगन चुम्बी
इमारतों पर एक बार,
शायद आसमां और पास आ जाएगी मेरी.।

पर गली कूचों और छतों से
निकली ये उड़ाने,
उठती तो तेजी से हैं,
लेकिन बच नहीं पाती, फंस जाती है ।
उन तारों के बीच।
जिसे हमारे पुरखों ने लगाया था ।
रौशनी के लिए !

नीवे जिसकी झुक चुकी हैं आज,
और झूल रही है, मौतें इन खम्भों से ।
और झूल रही है, एक ख्वाहिश मिलन की।
उसकी चाहत से, उसकी राहत से ।

जो दम तोड़ रही है,
फरफराते हुए इन जालों में ।
जिसकी आवाज कंपकपाती रही है,
हर ठंडी हवा के सवालों में ।

              जो जोर लगाती है इन तारों से
              निकलने के लिए ।
              उसे चूमने कि आस में ।
              अब थक गया है वह,
              और सूख सी रही है उसकी बनावट भी ।

हाँ अब सिलवट पर भी, दिखने लगी लकीरें हैं कुछ,
आसमां के ।
वो जो दो मयखाने, जिससे मैं कभी पीता था ।
झरने लगी है,
नमकीन बूंदों, कि बारिश उनसे ।
मेरी प्यास बुझाने को,
मुझे ये अहसास कराने को,
कि दूरी कितनी भी हो,
हम मिलेंगे।

              हम मिलेंगे ।．
              जरूर इक बार ।
              जहाँ हम अकेले होंगे, एक होंगे, न दूरियां होगी ।
              और एक सी हो जाएगी,
              हमारी सीमायें भी.।

5. अपनों के बीच या सपनों के बीच

मैं एक दरवाज़े पे खड़ा हूँ।
दुनिया दोनों तरफ है मेरी।
पर मैं कहाँ जाऊ?
ऐसी दुनिया जो अपनी है,
या ऐसी दुनिया जो मेरी है।
मैं कशमकश में था,
सोचा नहीं ये वक़्त भी आयेगा।
जब " मैं " खुद दो भागों में बट जायेगा।
बटकर गिर पड़ा चौखट पर,
और मौन पड़ गई उसकी ध्वनियाँ।

आँखें खुली तो चेहरा, अपनी दुनिया तरफ था।
बड़ा ही हरा –भरा और खुशनुमा संसार था।
तभी धुंध के पीछे से,
माँ कि आवाज़ आई।
प्यार से एक चपत, लगाई।
और बोली, चोट तो नहीं लगी बेटा।
कैसे चलता है, जो तू गिर पड़ा।
इक सहारा कंधे का, पिता का था।
जो पांव जमाने को काफी था।

वो भी उन सबों के पीछे थी,
आँखें जिसकी गीली थी ।
और होंठ काँप रहे थे ।
उसके बिन बोले अहसास मुझे समझा रहे थे
" तुम हो तो मैं हूँ "

                मेरी तरक्की, भी मुझे दिख रही थी।
                सब था वहां ।
                पर "मैं" नहीं था ।
                मैंने ढूंढा खुद को,
                लेकिन ना मैं मिला, ना मेरी परछाई ही।
                मुंह फेर लिया झुन्झुला कर मैंने ।

देखा उस पार
"मैं " वहां मुस्कुरा रहा था।
अपना मजाक खुद उड़ा रहा था।
मुझे " मैं " अजीब लगा
और उसकी मुकुराहट भी।

                मैंने नजरें दौड़ाई,
                और गहराई से देखा उस ओर ।
                कोई भी तो नहीं था।
                न कोई आवाज़ थी ।
                ना किसी कि ममता, ना सहारा,ना प्यार था
                ना बुलंदियों का खुमार था ।
                बस धुल ही धुल थी,
                और मैं धरातल पर था ।

दिल बैठ गया मेरा,
" ये इतना ऊजाड़ क्यूँ है ?
खुशियाँ क्यों नहीं ?
क्या यहाँ कोई नहीं रहता ?".
"तुम रहते हो यहाँ ।
और ये तुम्हारी दुनिया है । "
तभी मैं बोला
उसी अजीब मुस्कराहट के साथ ।

        इसे तुम्हें बसाना है, खुशियाँ तुम्हें लानी है।
        यहाँ तुम्हारे गिरने, पर कोई उठाएगा नहीं।
        पांव ज़माने को कन्धा थमाएगा नहीं।
        पर इन सबका अहसास दिल में होगा।
        जो तुम्हें हिम्मत देगा।
        एक संसार बसाने को।

पर क्या मेरी दुनिया सबसे अच्छी होगी ?
क्या मैं सबसे अच्छा इसे बना लूँगा ?
मैं बडबडाने लगा ।
एक नादान बच्चे कि तरह,
जिसके लिए हर चीज़ नई होती है ।
पर इच्छा कुछ करने को सच्ची होती है।

हाँ ! क्यूँ नहीं बस बचना अपनी बुराइयों से ।
कहीं वो भी न बस जाएँ।
कमजोर मत पड़ना, खुद के सामने भी ।
आसान नहीं खुद से लड़ना ।
पर दुनिया बनाना भी तो आसान नहीं ।

तो उठो !
और खुद भगवान् बन जाओ ।
बना लो खुद कि दुनिया ।
और एक पुल भी ।
जिससे ला सको,
उन्हें तुम एक नई दुनिया में,
जो तुम्हारा इंतज़ार कर रहे,
तुम्हे पाने के लिए।
और जो तुम्हे चाहिए अपनाने के लिए ।

हर किसी के जिन्दगी में,
ये दरवाज़े और ये दुनिया आती हैं ।
और इंसानों का इंसानों से फर्क कराती है ।
कोई इस, पार रह जाता है ।
अपनों के बीच ।
कोई उस पार, चला जाता है।
सपनों के बीच ।

6. शर्मिंदा

खुद को देखती हूँ,
उन आँखों में ।
तो शर्मिंदा सी हो जाती हूँ ।
मुस्कराहट जो आयने से आती है, .
गायब सी हो जाती है ।
अनकहे सवालों में घिर कर,
उन काले ख्यालों से मिल कर,
मन कुढने लगता है ।
शक का अँधेरा भी तो,
साये कि तरह धीरे धीरे बढ़ने लगता है
और गिरा देता है,
मेरी पलकों को, मजबूर कर के ।
मेरे अहम को, चूर कर के ।
खुद में झांकने को, खुद को जांचने को ।
एक आत्म निरीक्षण करने को,
कहीं कोई भूल मैंने तो नहीं कर दी।
या कोई अनजानी सी गलती।

                गलती ! हाँ गलती। ये गलती ही तो है
                जो ये चमक है चेहरे पे,

जो ये रंग हैं सुनहरे से ।
एक लचक है चाल में,
एक चहक है सवाल में।
गर अब भी कुछ बाकी है,

        तो ए काजल, तू साकी है ।
        बंधा जिसने सागरों को एक डोर से,
        इन उफनती इन लहरती, मादकता को जोर से।

ये जो लाली है, होठों कि,
सुरज कि लाली को भी फीका कर रही है।
जुल्फों को छू कर आती हवा,
एक ताजगी को सींचा कर रही है ।
एक मुस्कान है, जो मधुर तान है ।
अलसाई सी दुनिया पे एक अहसान है ।
अब इतने घेरे तोड़े हैं ।
इतने प्रभाव भी छोड़े हैं।

इसलिए तो थोडा रुक जाती हूँ,
थोडा सा झुक जाती हूँ ।
देख खुद को इन आँखों में,
थोडा सा चुप हो जाती हूँ ।

भाग २

चौखट लांघने से लेकर चौखट में समाने तक ।
रक्तरंजित, संघर्श्रथ मैं ।
घाव दीखते नहीं,
पर वेदना के वेग आते हैं ।
भाव दीखते नहीं,
पर सन्देश तो पाते हैं ।

चुभते नजरों के वार,
फुस्फुस्साते होठों के प्रहार ।
अम्ल वर्षा कि वो हँसी,
सब झेलती हूँ मैं जली ।

क्या छिपाऊ, क्या बचाऊँ?
ये मैं अब सोचती हूँ !
है कोई पैमाना इसका,
ये मैं अब खोजती हूँ ।

कोई दूर से टक लगाये,
मापता है ।
कोई पास नजरें झुकाए,
मुझ में आ के झांकता है ।

कोई आँखे बंद यहाँ पे सूंघता है,
बिन अग्न जिन्दा चिता को,
यहाँ पे फूंकता है ।

स्पर्श वो,
सर्प कि छुवन है ।
अस्तित्तव क्या मेरा दफ़न है ?
तुम बताओ बस बात एक,
क्या मृत मेरा बदन है- 2 ?

भाग -३

चौखट के अन्दर भी तो विदीर्ण होते हैं,
रिश्ते भावनाएं जीर्ण-शीर्ण होते हैं।
ऋण ले ले कर जिंदगी संवारती हूँ,
तीर्ण तीर्ण कर वो बिखेरते हैं।

अपने!
जिन पर भरोसा होता है ।
वो भी तो तोड़ते हैं।
चंद पल कि भूख के कारण,
कुछ टुकड़ा मांस का नोचते हैं ।
आत्मा से, भावना से,
और एक घाव छोड़ते हैं ।

घाव!
जो काफी दिनों तक रह जाते हैं ।
क्योंकि इन्हें हवा भी तो नहीं लगा सकती,
न जख्म दिखा सकती ।
शायद कभी बोल सकूँ किसी को,
तोड़ सकूँ एस बेबसी को ।

मिले कोई,
जो समझे, बिन समझाए।
इंतजार है, इंतजार है, इंतजार है ।

भाग ४

खुद को देखती हूँ,
इन आँखों में।
तो अब फर्क नहीं पड़ता।

आदत सी हो गई है।
क्षमता !
जिसे प्रतिरोधक कहते है,
पैदा सी हो गई है।

इस बीमारी के बीच रह कर।
जो बेअसर कर रही,
इन निगाहों को,
इन अम्ल्बाणो को,

स्पर्श! तो छू भी नहीं पाते ।
स्वाभिमान की परत, जो चढ़ा रखीं है ऐसे ।
कवच सूर्य से मिला हो, कर्ण को जैसे।

                एक तेज !
                जो आभा पर है ।
                झुका देती है ।
                सारी नजरों को ।
                और खामोश शब्द सारे हो जाते हैं

                गर बच जाती है,
                तो एक दौड़ है ।

जो सपनों कि है।
चुनोती !
जो अपनों कि है ।
पूरा जिसे मुझे करना है,
बेफिक्र निडर हो कर रहना है ।

भाग -५

तरस आता है, इन पर ।
जब देखती हूँ,
आकार मनुष्य के, पशु के प्रकारों में ।
समानताएं दीख जाती हैं,
सीमायें जो बांटती है इन्हे,
क्षीण हो गई है,
काम कि दीमक से ।
बुनियाद छिन्न-भिन्न हो गई है,
अब ढहने को तैयार सारे खम्भे हैं ।

एक धरोहर हूँ मैं ।
बढती कीमत जिसकी, समय के साथ ।
चाहे जलता दिन हो या कोई अँधेरी रात ।
मैं मिलती ! मैं खिलती,
चुपचाप सहेजने से।
न कि भावनाओं को उस पर कुरेदने से ।

कुरेदने से !
सिर्फ पुष्टि होती ।
पर तुष्टि तो नहीं ।
जतन चाहे जितना भी कर लो,
पर संतुष्टि तो नहीं।

अब देखती हूँ,
इन आँखों में।
तो और भी देखती जाती हूँ ।
गिरा के, उनके पलकों को, मजबूर करके।
उनके अहम को चूर कर के।
खुद में झांकने को, खुद को जांचने को ।

इक आत्म निरीक्षण करने को ।
कहीं कोई भूल उन्होंने तो नहीं कर दी ।
या कोई अनजानी सी गलती ।

अब वो शर्मिंदा होते हैं ।
हाँ ! सच सुना आपने।
मुर्दे भी शायद,
कभी कभी जिन्दा होते हैं, जिन्दा होते हैं ।

7. वो आती है।

वो आती है।
दिन प्रतिदिन, मेरे द्वार पे,
उस अबोध का हमपर,
उपकार ये ।
न वो जताती है,
ना मैं बताता हूँ ।
कभी वो सताती है,
कभी मैं सताता हूँ ।

        रिश्ता नहीं है, बंधन नहीं है ।
        इससे पावन कुछ भी नहीं है ।
        कुछ बोलों कि, बस दूरियां है।
        भावों कि चलती, छुरियां है।
        वो खिलखिलाती,
        मैं विस्मृत सा होता ।
        वो झिलमिलाती,
        मैं पुरुस्कृत सा होता ।
        वो एक जीवन भर नहीं,
        पूर्ण आशा जीवन कि है ।

वो केवल दर्पण नहीं,
दर्पण मे दिखती यौवन सी है।
वो चिर अमर है, कंचन भी है ।
अमृत जो आई मंथन से है ।
हर रोज़ ही पिलाती है,
हर रोज़ ही जिलाती है ।
वो आती है,
दिन प्रतिदिन मेरे द्वार पे ।
उस अबोध का हम पर उपकार ये ।
न वो जताती है ।
न मैं बताता हूँ ।
कभी वो सताती है ।
कभी मैं सताता हूँ ।

                        वो झूलती है, हाथ ले लोह की सिराएं।
                        उसकी चंचल, बाल क्रीड़ायें. ।
                        उन्मुक्त पवन में नव पंछी,
                        देखो कैसे, उड़ रही।
                        ना गिरने की रही फ़िक्र ।
                        ना रुकने का रहा सब्र ।
                        बस मुड़ने से वो डर रही ।.
                         वो उड़ रही, वो उड़ रही . ।

मैं जमीं पर, स्थिर खड़ा सा,
दृष्टि पे, कर को लगाये ।
सूर्य कि ओजस से बचाए ।
ताकता हूँ, ढूंढता हूँ,

उसकी बनती परछाइयों को।
पर वो कहीं दिखती नहीं।
वो कहीं मिलती नहीं. ।

        बंद नयनो ने है ढूंडा,
        फिर चिन्ह उसके अस्तित्व के . ।
        जैसे फैला है ये आँचल,
        माँ प्रकृति तेरी मातृत्व के ।
        सम्पूर्ण पृथ्वी पर पसरी हुई थी,
        इतनी विशाल तू दिखती भी कैसे?
        मैं अबोध खुद था सिमटा,
        लिप्त, चादर के कोने में जैसे ।

हर रोज़ वो बताती है ।
कुछ रु-बरु कराती है ।
वो आती है ।
दिन प्रति दिन मेरे द्वार पे,
उस अबोध को हम पर उपकार ये ।
न वो जताती है।
न मैं बताता हूँ।
कभी वो सताती है।
कभी मैं सताता हूँ।
झांकता हूँ लेने खबर मैं,
खबरों को थोड़ा सा मोड़ ।
वो भी ग्रीवा कर के टेढ़ी,
देखती है मेरी ओर।
खींचती है ऐसे जैसे,
बल कोई अदृश्य सा है ।

ज्ञात मुझको है नहीं,
पर जो भी है वो शीर्ष सा है ।
उठता हूँ, सब छोड़ कर मैं।
सारी दीवारें तोड़ कर मैं।

                धीमे धीमे पग बढ़ाता,
                आँखें उसको भी दिखाता,
                थोड़ा सा मैं मुंह बनाता,
                फिर पास जा के मुस्कुराता ।

देखी अद्भुत निर्णय क्षमता,
उसकी लोचन में अवस्थित।
एक पल को भी झुका नहीं,
हर भाव संग वो रहा उपस्थित।
भाव छूटे भंगिमाएं टूटी,
सारी नट –विद्याएं रूठी ।
निष्फल प्रयास मैं किआ जो अर्पित ।
अंततः हो गया समर्पित ।

                हर रोज़ वो खिलखिलाती है ।
                हर रोज़ ही जिलाती है ।
                वो आती है ।
                दिन प्रतिदिन मेरे द्वार पे,
                उस अबोध का हम पर उपकार ये ।
                न वो जताती है ।
                न मैं बताता हूँ ।
                कभी वो सताती है ।
                कभी मैं सताता हूँ ।

एक दिन, फिर पूछा मैं उससे,
खामोश आखिर रहता भी कैसे ?
धैर्य उसका अनंत था,
 एक प्यारा सा षड्यंत्र था ।
गुड़िया तू डरती नहीं क्या,
बंद कर दूंगा मैं अन्दर ।
भूत, कितने ही पड़े हैं,
कर भी दे, तू अब सरेंडर ।

                तुम ही तो भूत हो ।
                मैं नहीं तुमसे हूँ डरती ।
                ना आउंगी, ना जाउंगी,
                मैं रहूंगी, यहीं टहलती ।
                एक ठहाका छुटा मेरा ।
                गूंज सारा जग गया ।
                अंतर्ज्योत से हुआ सवेरा,
                तम ये सारा छट गया . ।

बाहें फैलाये दौड़ा था मैं,
पाने उस नव किरण को ।
कैसे मैं छू भी पाता,
वन में चरती उस हिरन को ।
हर रोज़ वो मुस्काती है ।
हर रोज़ वो तड़पाती है ।
वो आती है ।
दिन प्रतिदिन मेरे द्वार पे,
उस अबोध का हम पर उपकार ये ।

न वो जताती है ।
ना मैं बताता हूँ ।
कभी वो सताती है ।
कभी मैं सताता हूँ ।

भाग- २

वो दिखती नहीं, ना आती है ।
मैं रोज़ उसको ढूंढता हूँ ।
देखने मैं यादों में,
थक के आखें मूंदता हूँ ।
सूर्य उगता अब भी है ।
पर तेज उसकी कम गई ।
वायु कि रफ़्तार देखो,
जैसे आ के थम गई ।
कैद लगते हैं, मुझे अब ।
खबरों के दीवार भी,
मेरी ज्योत मेरी प्रभा ।
दे दे अब दीदार भी

इस तरह अदृश्य न हो,
कर के खाली नयन पटल ।
अंकित हो तुम पूर्ण रूप से,
बिन तुम सूने नयन सजल ।

                तू आती थी ।
                छा जाती थी ।
                दिन प्रतिदिन मेरे द्वार पे,
                हे अबोध तेरा उपकार ये ।
                ना तू जताती थी ।
                ना मैं बताता था ।
                कभी तू सताती थी ।

कभी मैं सताता था ।

दिन भी बीते, रातें बीतीं,
महीने धीमे बढ़ रहे थे ।
करके पूरी दुनियादारी,
हम तरक्की चढ़ रहे थे ।
ढूंडा नहीं मैंने तुम्हे,
झूठी मेरी चिंता थी ।
अतृप्त स्वार्थ में वो सिमटी,
मेरी एक उद्विन्ग्नता थी ।
गर तेरी जो फिख्र होती,
तो सलाखें तोड़ता मैं ।
लेने को टोह तेरी,
द्वार अपने छोड़ता मैं ।
पर मैं सिमटा स्वार्थ में, था
दुनिया को कोसता ।
निर्दोष खुद को बताकर,
मन ही मन था मामोस्टा ।
व्यस्त मैं दिनचर्या मे था,
वो बीती एक अध्याय थी ।
हाय री प्रेम निश्छल सी ममता,
तू कितनी यहाँ असहाय थी ।

तू आती थी ।
छा जाती थी ।
दिन प्रतिदिन मेरे द्वार पे,
हे अबोध तेरा उपकार ये ।

न तू जताती थी।
ना मैं बताता था।
कभी तू सताती थी।
कभी मैं सताता था।

भाग – ३

कर गई एक दिन जो खंडित,
दृष्टि कि वो धार थी ।
शब्द निकले भी नहीं,
पर प्रश्नों कि बौछार थी ।
तुम आये नहीं क्यूँ ?
पूछते वो जा रहे थे ।
हम असहाय यूँ ही खड़े,
अश्रु संग मुस्का रहे थे ।
वो ममता कि आँचल मे लिपटी,
दृष्टि मिलाप किए जा रही थी ।
पग मेरे जो बढ़ रहे थे,
नवकली खिली जा रही थी ।
हाथ उसके सर फिराया,
थोड़ा थोड़ा मुस्कुराया ।

" गुड़िया थी कहाँ इतने दिनों तक ?
जब से देखा हूँ नहीं,
मैं हँसा नहीं उतने दिनों तक ." ।
देख ! जब तू आई है ।
ये पंछी भी चहचहायीं है ।
बाहें छोटी पड़ रही हैं,
खुशियाँ इतनी समाई हैं ।
खूब बातें होगी आज,
और खेलेंगे नए नए खेल ।
चॉकलेट खा के शुरू करते हैं,

छुक छुक गाड़ी अपनी रेल।

मैं भाव में था ।
प्रभाव में था ।
और यूँ ही बस बहता गया,
दिल तेरे स्वभाव में था,
जो मन आया कहता गया ।
पावक के दो बूंद गिरे,
और शब्दों को सारे जला दिए ।
शायद मेरी गर्माहट ने,
जमी बर्फ पिघला दिए ।

वो करुणा, एक माँ कि थी ।
आँचल में जिसके गुड़िया थी ।
एक हाथ में जीवन उसके,
दूजे कर विष पुरिया थी ।
स्तब्ध खड़ा मैं देख रहा था,
नयनों में मृत्यु की अभिलाषा।
कल्पित ह्रदय कि व्यथा कहानी,
सभ्य समाज कि रक्त पिपासा।

सुन कर सारी घटना को,
क्रोधाग्नि मुझसे लिपट गई ।
छि रे मानव ! तेरी ये भूख,
अब यहाँ पे आ के सिमट गयी ?
रे पापी तुझको लगता क्या,
तूने केवल प्यास मिटाया ।

भूमि लाल है मानवता कि,
खून दो ऐसा तूने यहाँ बहाया ।
एक बाहर कल्पित कुसुम है,
जिसको तूने रुलाया है ।
एक अन्दर है चिता पे मानव,
जिसको तूने जलाया है ।

                मत कर ग्रीवा नीचे देवी,
                इसमें तेरा दोष नहीं ।
                दोषी तो सारी दुनिया है,
                और अब तक इसको होश नहीं।
                पुरिया को फ़ेंक, गुड़िया को देख,
                अंश है तेरी, तेरी ही आशा ।
                कुछ सपने तेरे, कुछ सपने इसके,
                ये ममता कि अभिलाषा ।
                जीने दे, उसे मिलने दे ।
                फिर इस कुसुम को खिलने दे ।
                साहस दे, उसे प्यार भी दे
                चूम के सर इतबार भी दे ।
                दुःख बद्री हैं, छट जायेंगे।
                सत्य विजय को पायेंगे ।
                गुड़िया क्यूँ कष्ट सहेगी ?
                प्रकट दोषी को सजा रहेगी ।

हाथ जो सर पे फेरा तो,
गुड़िया मेरी मुस्काई ।
आँचल से बाहर आई ।

मुस्का कर फिर हमसे बोली,
भूत दिखाओ, मुझे डराओ !
मुझे डराओ, मुझे डराओ !
हंस हंस कर फिर, मैं बोला उससे,
" भूत हूँ मैं, मैं खा जाऊंगा ।
हंस हंस कर तुझे, रुला जाऊंगा ।

कोई न तुझे बचा पायेगा,
चंगुल से मेरे छुड़ा पायएगा ।
मैं नहीं तुमसे हूँ डरती,
तुम नहीं हो भूत, मैं जानती हूँ ।
किस किस से मुझको डरना है,
उसको अब पहचानती हूँ ।
वो गंभीर मुस्कुराहट है ।
परिपक्कता की आहट है।
फिर उड़ने की चाहत है ।
फिर उड़ने की चाहत है ।

आती है वो ।
फिर दिन प्रतिदिन मेरे द्वार पे,
उस अबोध का हम पर उपकार ये ।
ना वो जताती है ।
ना मैं बताता हूँ ।
कभी वो सताती है ।
कभी मैं सताता हूँ ।

8. देखा है

सड़क के इस पार,
पटरी के उस पार ।
एक जीवन को पलते देखा है ।
अनवरत चलते समय के साथ,
ढलते देखा है ।
वो जिनकी खुद कि एक रफ़्तार है,
वो जिनका ना कोई अवतार है ।
हाँ . जिसने ईश्वर को भी बंटते देखा है ।
सड़क के इस पार,
पटरी के उस पार ।
एक जीवन को पलते देखा है ।
एक जीवन को चलते देखा है ।

वो क्या है ?
जहाँ सभ्यता का जन्म होता है ।
भरण होता है, पोषण होता है ।
एक सड़ांध विषैले नाले को,
एक हलाहल विष प्याले को,
पीकर जीकर नीलकंठ बनते देखा है ।
सड़क के इस पार,

पटरी के उस पार
एक जीवन को पलते देखा है ।
इक नाले को जीवन रेखा बनते देखा है.।

भाग- २

बुनते हाथों से कितने ही,
उलझन को सुलझाते देखा.।
उलझाते बांसों कि करची संग,
जीवन को मुस्काते देखा .।
उजड़ गए गर रैन बसेरे,
बिखर गए गर स्वप्न सुनहरे ।
तो भी लड़ कर, जी कर, मर कर,
जगह नई, अस्तित्व पुराना ।
हर बार खड़ा होते देखा है ।
जीवन को पलते देखा है ।
जीवन को चलते देखा है ।

        बरगद के पेड़ों के संग,
        नए पौध को खिलते देखा ।
        आठ बनी टायर के संग,
        कई उड़ान को भरते देखा।

छिल-छिल कर, घिस- घिस कर ।
गिर – गिर कर, रो – रो कर ।
आंसू संग मुसकाहट का,
बरगद तेरी करुणाहट का ।
संग रिश्ता खूं का नए सिरे से,
इक अनूठा जुड़ते देखा है ।
जीवन को पलते देखा है ।
बचपन को उड़ते देखा है ।

भाग- ३

काले, उजले, नीले, पीले ।
रंग- बिरंगे घर झोपड़ झुरमुट ।
कभी सहे वह आग झुलसती,
कभी सहे वह बारिश छिटपुट ।
जब सुरज शाम अँधेरे को,
डूब डूब सा जाता है ।
तब अँधेरे को करता रोशन,
तारा इनमें उग आता है ।
एक बिस्तर, एक चूल्हा,
एक डिबिया और एक बर्तन ।
एक रेडियो, एक मोबाइल ,
और एक इनका परिवर्तन ।

        इन परिवर्तन को अब दर्पण,
        झोपड़ ही दिखलाते हैं ।
        पटरी संग जीवन भी साथ साथ,
        चले जाते हैं ।

भाग -४

एक समय आता है ऐसा,
जब सारे भाव बदल जाते हैं ।
नाक भौंह को सुकराए,
लोचन भी स्महल जाते हैं ।
बच- बच कर चलते राहों में,
बर बस ही वो खिंच जाते हैं ।
सौन्दर्य सुधा कि बारिश में,
पूर्ण रूप से सींच जाते हैं ।

        छल छल, कल कल, करता यह जल,
        जब अपनी प्यास बुझाता है ।
        सुगठित कोमल यौवन को छू,
        अपने भाग इतराता है ।
        फिर याद वहां आती है पनघट,
        सखियां और मीठी वो कोलाहल ।
        कब किस पर गिर जाये कटाक्ष,
        कब कोई हो जाये घायल ।.

रसिका ! तेरी आँखों का वो डर,
कहीं कोई पिया का नाम न ले ।
देख तेरे चेहरे कि लाली,
कर के चिकोटी कह मतवाली,
तुझे मनचाहा इल्जाम ना दे ।

हाय ! कितना रस, हाय ! कितना रस,
भरा है, तेरे इन भावों में ।
देख प्रकृति विस्मृत है ।
खुद रचनाओं कि राहों में,
बस छाया बन जा अब तू मेरी,
और लेले यह पहचान भी तू ।
मुझको अब सब जाने तुझसे,
कर दे यह अहसान भी तू ।

इतिहास गवाही देता है,
सर झुके यहाँ ज्ञानी के, अभिमानी के ।
एक चिराग से करते पूजन,
सब यौवन कि उस रानी के ।

रानी हो वो मधुशाला कि,
या रानी हो गौशाला कि।
या क्षत्रिय कि बाला हो,
या ब्राह्मण कि माला हो ।
पर आज जहाँ पे झुक है सर,
वो ना इनमें से कोई है ।
वो बेफिक्र निष्कंटक अविरल धारा सी,
खुद में ही खोई खोई है .।

आज जहाँ पे झुक है सर,
वो मस्जिद है ना शिवाला है ।
है बहती नहीं गंगा यहाँ,
पर बहता यहाँ एक नाला है ।
चेहरे फिर जाते जहाँ थे,

थूक जहाँ गिर जाती थी ।
दो पल कि पगडंडी पर,
सांस जहाँ रुक जाती थी .।

उस पगडंडी सी राहों पर,
बरगद तेरी छाओ पर ।.
एक शीतल चाँद निगोड़ी को,
उस अक्खड़ मदमस्त मुह्जोरी को ।
धुप के संग बलखाते देखा,
एक जीवन को नहलाते देखा ।
जीवन कि रेल को जाते देखा ।

9. कुछ कुछ बहुत कुछ

कहतीं हैं आँखें कुछ –कुछ बहुत कुछ।
खामोशियों में डूबी स्याही, .
उकेरे है मुखरों पे जज्बात छुप छुप ।
जब कहती हैं आँखें कुछ कुछ बहुत कुछ ।

वो मचलती सी मछली, जो घुमे है जल में।
जो तैरे सतह पे, कभी लेटे तल में,
तरंगे उठाती है दिल में वो रुक रुक,
जब कहती हैं आँखें कुछ कुछ बहुत कुछ ।

नदी का किनारा जो काजल सवांरा,
उतरा जो इनमें ना पाया सहारा ।
डूबने कि वो कोशिश करता है लुक छुप,
जब कहती हैं आँखें कुछ कुछ बहुत कुछ ।

वो पलकें मेरी अब छत बन गई हैं,
गिर कर जब उठती तो, खत बन गई हैं।
पढता हूँ, हर बार सबसे मैं छुप –छुप,
जो कहती हैं आँखें कुछ कुछ बहुत कुछ ।

जुल्फों के हैं जो ये चादर- बिछोने, .
हूँ लेटा झरोखों को लेकर सिरोहने,
सोउ यहाँ जागूँ सोचूं मैं रुक रुक ।
जब कहती हैं आँखें कुछ कुछ बहुत कुछ . ।

        कबूला गुनाह है, तो मिली एक पनाह है ।
        पाई ऐसी सजा, न किसी ने सुना है,
        जुर्म करने का फरमान मिला मुझको छुप-छुप,
        जब कहती हैं आँखें कुछ कुछ बहुत कुछ . ।

ये जो लाली तुम्हारी, चांदनी बन गईं हैं,
छन घटाओं से आती, रोशनी बन गई हैं ।
सेंकता हूँ मैं जो एक सुलगन को झुक झुक,
तो कहती हैं आँखें कुछ कुछ बहुत कुछ . ।

        रुकना वो तुम्हारा, सम्हलना तुम्हारा, .
        देख राहों को फिर से फिसलना तुम्हारा ।
        दोष गिरने का मुझपे, जो मंढती हो सचमुच,
        तो कहती हैं आँखें कुछ कुछ बहुत कुछ ।

रुकावट नहीं हैं समय के ये कांटें,
मोहब्बत को इसने किस्तों में बांटे ।
हवाओं में लिपटी वो मिली बेतकल्लुफ,
तो कहती हैं आँखें कुछ कुछ बहुत कुछ ।

बहुत भीड़ मुझमें जो जम सी गयी,
कामों मे सब अपने रम सी गयी ।
है तन्हा मेरा इश्क रहता है चुप चुप,
क्यूँ ना कहतीं हैं आँखें कुछ कुछ बहुत कुछ ।

सब सजा खुद को क्यूँ दूँ, ये भी मैं सोचूं ?
जले तू भी थोड़ी, खुद को मैं रोकूँ . ।
दिखाती नहीं दाग, रोती वो छुप-छुप,
जब कहती नहीं आँख कुछ कुछ बहुत कुछ ।

विचारों का बस कोई मिश्रण नहीं तू,
ललाटों पर शिकनों का मुचरण नहीं तू ।
सिकुड़े और फैले तू मुझमें जो रुक रुक,
तो कहती हैं आँखे कुछ कुछ बहुत कुछ ।

नशा हो कोई तुम, या आदत मेरी,
क्षण भर कि राहत क्या दर्द भरी . ।
हो कोई भी तुम अच्छी लगती हो सचमुच,
जो कहती हैं आँखें कुछ कुछ बहुत कुछ ।

जो मिलती नहीं, तो तड़प जाता हूँ ।
रात बिस्तर के कोने, सरक जाता हूँ ।
रहा देखता मैं दीवारों को घुट घुट,
जो जगती हैं आँखें और कहती नहीं कुछ।

टूटता हूँ यहाँ मैं, बिखरता नहीं हूँ ।
जलती आँखों से उठ फिर, संवारता यही हूँ ।
कौन कहता है कि मैंने हारा है सब कुछ,
जीता है मैंने भी आँखों का कुछ कुछ ।

        विस्मृत हूँ मैं, ये फसाने है कितने,
        राग एक हैं पर तराने हैं कितने ।
        युन जो टुंटा सितारा, जमीं पर गिरा कुछ,
        न हुई कम ये रौनक, न घटा आँखों का कुछ ।

सबसे छुपाया ना किसी को बताया,
राज़ दिल में दबा कर, देख अक्श मुस्कुराया ।
बसी निगाहों कि तस्वीर छेरती मुझको सचमुच,
वो गालों कि लाली वो होठों का कुछ कुछ ।.

        हमें लगता है, जानते हम यहाँ सब,
        खबर सबको है बेखबर हम यहाँ अब ।
        किसने दिया धोखा दिल मेरे तू क्यूँ चुप,
        दीख रही आँखों में क्या सबको ये कुछ कुछ ।

तेरी इन निगाहों का दोष नहीं है,
सच बताउं तो खुद तुझको होश नहीं है ।
ये मुस्कान तू अनजान इस चमक ने किया कुछ,
जो लाती है मुखरे पे आँखों का कुछ कुछ ।

रात हो चाहे काली, सजी है यहाँ पर,
न डर न फिख्र चेतना हो जहाँ पर ।
जो पाया है मैंने, बने मेरा वो सबकुछ,
लगा हूँ उसी में छुपा आँखों का कुछ कुछ।

हर रात विचारों के रंगों में उतरूं,
लेकर मैं कूची इन भावों को जकरून।
नित नए मैं मुखोटे बनाता हूँ छुप –छुप,
छिपे इनसे आँखें न दिखे इनमें कुछ कुछ ।

गर जरुरत नहीं तो, तू अदृश्य हो जा,
बने केवल दृश्य उससे पहले तू खो जा ।
खाली कर जा वो घर तू, जहाँ मिलता था सुख,
ना आये चोट उनमें ना गिरे पलकों से कुछ ।

सोचता हूँ कभी नब्ज़ पर जाये धीमी,
सर गोद ले के वो बैठी हो सहमी ।
ज्वार स्वासों का मेरे, चढ़े सागर मे रुक रुक,
देखो आई है बरसात, ले के आँखों का सब कुछ ।

सुकून बताउं मैं क्या अब, बचा है यहाँ,
तेरे कानों के नीचे कि गर्दन कि खुशबू,
मेरे सीने मे घुल कर जमी है यहाँ,
ठंडा करती है एक आग, लपट दूरियों ने दिया कुछ।
देखो सिमटी वो मुझमें लेके आँखों का कुछ कुछ ।

क्यूँ मैं छोड़ूं तुझे ? क्यूँ तू छोड़े मुझे ?
इश्क अश्कों में बदल, हम क्यूँ ऐसे मुड़े ?
होगा अफ़सोस दिल को, खाए मन को भी चुप चुप,
जो   ढूंढेगी आँखें, इन आँखों का कुछ कुछ ।

डर जो मन में दबा, वो समर्पण का है,
प्रश्न उठता जो दिल में, पूर्ण अर्पण का है ।
गर जो टुटा मेरा दिल, ना मिलेगा कहीं सुख,
दिखेगी ये आँखें, ना दिखेगा ये कुछ –कुछ ।

दोष मेरा है सब, रोष तेरा जो अब,
डाल आँखों में आँख, जो चूमुंगा लब ।
ना शिकवा ही होगा, ना गिला का हो दुःख,
मिल जाये जो तुझको, इन आँखों का कुछ –कुछ।

10. इक बात

कहूँ मैं जो इक, बात वो याद रखना ।
मुझे छोड़, सबकुछ तू आबाद रखना ।

      हसीं वो तुम्हारी, मोती कि छनछनाहट।
      पायल कि छम –छम, बारिश कि आहट।
      ये बरगद की छहरी, ये शीतल सी ठंढक।
      इन्हें बस यूँ ही तू बरकरार रखना ।

कहूँ मैं जो इक, बात वो याद रखना।
मुझे छोड़, सब कुछ तू आबाद रखना।

      अदाओं में तेरी, कोई गिरावट ना हो।
      कोई कोना ना बचे हुस्न का, जहाँ सजावट ना हो ।
      होंठ इंकलाब, आँख सैलाब ।
      मेरे ये दो बनावट, तू बस आफ़ताब रखना ।

कहूँ मैं जो एक बात, वो याद रखना ।
मुझे छोड़, सबकुछ तू आबाद रखना ।

      वो कहानी सुनाने की नजाकत तेरी,
      प्यारी आँखों से, डराने की आदत तेरी ।
      नर्म उँगलियों से किरदार कितने ही, गिनाती जो हो,
      भूल जाऊं कहीं कुछ, तो खीझ कर तुम बताती जो हो।

हो सके तो, ये कहानी भी तैयार रखना ।
" है नहीं कोई कह ", मौन इकरार करना ।

कहूँ मैं जो इक बात, वो याद रखना ।
मुझे छोड़, सबकुछ तुम आबाद रखना ।

सिद्दत से हमने, जो ढूंढा है खुद को,
मिले हैं, फिर खोये, जो पायें हैं तुझको ।
तू भी थी भटकी, मैं भी था भटका ।
मंजिल नही थी, और लम्बा था रस्ता ।

गर अब दिखूंगा, नही तो सुनाई मैं दूंगा ।
कर उठा के, सर झुका के तू इरशाद करना ।

कहूँ मैं जो इक बात, वो याद रखना ।
मुझे छोड़, सब कुछ तू आबाद रखना ।

शिकायत और गलती, नही कुछ है होती ।
जो मिलती है हमको, नही फिर है खोती ।
रहती है, वो एक जमाने के अन्दर ।
कौन कहता है, कि शांत ना होता समंदर ।
ना छुपने का मुझसे, तू इंतजाम करना ।
मिलूं जो कहीं तो, बस बदनाम करना ।

कहूँ मैं जो एक बात, वो याद रखना ।
मुझे छोड़, सबकुछ तू आबाद रखना ।

बस तवज्जो का हरदम, जो गम है यहाँ पे ।
वही ढाता हरदम, सितम है यहाँ पे ।
कोई छूटा तो कोई रूठा है,
कोई रूठा, तो कोई टूटा है ।
हो सके तो, इक पुल का भी इंतजाम करना,
फिर सुकूं से बिछोने पे आराम करना ।

कहूँ मैं जो एक बात, वो याद रखना ।
मुझे छोड़, सबकुछ तू आबाद रखना ।

सबके तरीके, अनोखे यहाँ पे,
अनुभव के रंग, सबने सोखे यहाँ पे ।
हंस कर कोई, झुठलाता है गम,
तो रो कर कोई भिगोता जख्म ।
हो सके तो दुआ ऐसी ईज़ाद करना,
मीठा हो दर्द ऐसी फरियाद करना ।

कहूँ मैं जो एक बात, वो याद रखना ।
मुझे छोड़, सब कुछ तू आबाद रखना ।

www.ingramcontent.com/pod-product-compliance
Lightning Source LLC
LaVergne TN
LVHW061601070526
838199LV00077B/7136
* 9 7 8 9 3 5 8 1 9 5 6 2 0 *